BEI GRIN MACHT SICH IHR WISSEN BEZAHLT

Bibliografische Information der Deutschen Nationalbibliothek:

Die Deutsche Bibliothek verzeichnet diese Publikation in der Deutschen National-bibliografie; detaillierte bibliografische Daten sind im Internet über http://dnb.d-nb.de/ abrufbar.

Dieses Werk sowie alle darin enthaltenen einzelnen Beiträge und Abbildungen sind urheberrechtlich geschützt. Jede Verwertung, die nicht ausdrücklich vom Urheberrechtsschutz zugelassen ist, bedarf der vorherigen Zustimmung des Verlages. Das gilt insbesondere für Vervielfältigungen, Bearbeitungen, Übersetzungen, Mikroverfilmungen, Auswertungen durch Datenbanken und für die Einspeicherung und Verarbeitung in elektronische Systeme. Alle Rechte, auch die des auszugsweisen Nachdrucks, der fotomechanischen Wiedergabe (einschließlich Mikrokopie) sowie der Auswertung durch Datenbanken oder ähnliche Einrichtungen, vorbehalten.

Impressum:

Copyright © 2007 GRIN Verlag
Druck und Bindung: Books on Demand GmbH, Norderstedt Germany
ISBN: 9783640535262

Dieses Buch bei GRIN:

https://www.grin.com/document/142361

Kevin Kappel

Stoffgeschichte und literarischer Anspielungshorizont im 'Willehalm' von Wolfram von Eschenbach

Die literarischen Anspielungen des 'Willehalm' auf den 'Parzival'-Roman

GRIN Verlag

GRIN - Your knowledge has value

Der GRIN Verlag publiziert seit 1998 wissenschaftliche Arbeiten von Studenten, Hochschullehrern und anderen Akademikern als eBook und gedrucktes Buch. Die Verlagswebsite www.grin.com ist die ideale Plattform zur Veröffentlichung von Hausarbeiten, Abschlussarbeiten, wissenschaftlichen Aufsätzen, Dissertationen und Fachbüchern.

Besuchen Sie uns im Internet:

http://www.grin.com/

http://www.facebook.com/grincom

http://www.twitter.com/grin_com

Inhaltsverzeichnis

1. Einleitung

Die hier vorliegende Arbeit stellt eine Ausarbeitung des Referats „Stoffgeschichte und literarischer Anspielungshorizont" dar und ist im Rahmen des Seminars „Wolframs von Eschenbach `Willehalm`" entstanden. Sie beschäftigt sich mit den literarischen Anspielungen auf den `Parzival`-Roman, die Wolfram in seine `Willehalm`-Erzählung hat einfließen lassen. Im Folgenden wird zunächst der Prolog des `Willehalm` näher beleuchtet werden. Hiernach stehen die einzelnen Textstellen, die einen literarischen Bezug auf den `Parzival`-Roman erkennen lassen, im Fokus dieser Ausarbeitung. Vor diesem Hintergrund soll schließlich die Frage geklärt werden, welches Konzept von Bezüglichkeit der `Willehalm` in Bezug auf den `Parzival´` aufweist.

2. Der Prolog (1,1-5,14)

Im Prolog des `Willehalm` stellt Wolfram von Eschenbach sich als der `Parzival`-Dichter vor: *swaz ich von Parzivâl gesprach* (4,20). Er verweist auf sein früher entstandenes Werk, welches nicht nur Lob, sondern auch Kritik erntete: „Manch einer hat es gelobt; es gab auch viele, die es getadelt haben" (*estlîch man das prîste – ir was ouch vil die`z smaethen* 4,22-23).

Mit den unterschiedlichen Reaktionen auf sein früheres Werk geht Wolfram jedoch „souverän und ohne Schärfe um, den Blick auf das neue dichterische Unternehmen gerichtet."[1] Willehalm bleibt zunächst einmal durch seinen ritterlichen Auszug, der durch dessen Enterbung veranlasst wird, den Figuren Parzival und Gahmuret verbunden. Doch bereits der Prolog macht Unterschiede im strukturellen Aufbau des `Willehalm` im Vergleich zum `Parzival` deutlich, da in der Figur des heiligen Willehalms schon von vornherein Zielerfüllung gewiss ist. Zudem steht Willehalms Stellung innerhalb der Gesellschaft durch den Einsatzpunkt der Erzählung schon von Anfang an fest. Diese strukturellen Differenzen im Vergleich zum `Parzival` führen dazu, dass Vorbildlichkeit des Helden nicht mehr erreicht, sondern lediglich als Problem thematisiert werden kann.[2]

Auch die Beschaffenheit der erzählten Welt im `Willehalm` weist Unterschiede zum `Parzival`-Roman auf. So erscheinen nun die Grundvoraussetzungen höfisch-ritterlicher und insbesondere artus-ritterlicher Verhaltensweisen (wie zum Beispiel die Verschonung des im Kampf Unterlegenen) in Zweifel gezogen, so dass der Konflikt zwischen Christen und Heiden gekennzeichnet ist durch Erbarmungslosigkeit und dem Zwang zur Vernichtung:[3]

---

[1] Christian Kiening: Reflexion-Narration. Wege zum `Willehalm` Wolframs von Eschenbach. Tübingen 1991, S. 94, siehe auch Christopher Young: Narrativische Perspektiven in Wolframs `Willehalm`. Tübingen 2000, S. 108.
[2] Vgl. Kiening (1991), S. 94.
[3] Vgl. Kiening (1991), S. 94.

da wart sölhiu riterschaft getan,
sol man ir geben rehtez wort,
diu mac vür war wol heizen mort.
swa man slouc od stach,
swaz ich e da von gesprach,
daz wart naher wol gelendet
denne mit dem tode gendet:
diz engiltet niht wan sterber:
und an vreuden verderben.
man nam da wenic sicherheit (10,18-27).

3. Besprechung der einzelnen Stellen

Ungeachtet der im Kapitel zuvor aufgezeigten strukturellen Unterschiede ist im `Willehalm` der Bezug zum `Parzival´-Roman unverkennbar. So finden viele Personen aus dem `Parzival`-Roman im `Willehalm` namentlich Erwähnung, wie zum Beispiel Gahmuret, Gawan, Feirefiz, Artus, Anfortas, Sekundille, Karnahkarnaz und Parzival. Die meisten literarischen Anspielungen beziehen sich dabei auf die Figuren des Feirefiz, des leidenden Anfortas und der Sekundille.[4] Durch diese literarischen Anspielungen bleibt das ältere Werk im jüngeren präsent und fordert einen Vergleich beider Werke heraus. Die gleiche Funktion erfüllen Motive und Themen, die Wolfram bereits im `Parzival` verwendete und im `Willehalm` erneut aufgreift. So zum Beispiel die Enterbung, der Brudermord oder die Beraubung eines Toten.[5] Vor allem die Orient-Motive des `Parzival´ finden im `Willehalm` erneut Verwendung. Beispielsweise sind die Ländernamen, die den Königen der Heiden zugeordnet sind, oft dem `Parzival´ entnommen und verweisen auf bereits bekannte Umstände. Der Heide Noupatris etwa wird als König von Oraste Gentesin vorgestellt. Dieses Land zeichnet sich im `Parziva``` besonders durch seine hervorragenden Lanzenschäfte aus Bambus (*roerine schefte;* Pz. 335,21ff.), ein Umstand, der in der Beschreibung des Heiden im `Willehalm` ebenfalls kurz Erwähnung findet: *sin schaft was roerin ime sper* (23,22). Kiening weist jedoch darauf hin, dass sich oft „nur ein scheinbar vertrautes Terrain"[6] eröffnet. So werden die Länder im `Willehalm` nun von anderen Fürsten beherrscht und ehemalige Personennamen zu Herkunftsbezeichnungen umfunktioniert.[7]

---

[4] Vgl. John Greenfield/ Lydia Miklautsch: Der `Willehalm` Wolframs von Eschenbach. Eine Einführung. Berlin/ New York 1998, S. 56 und vgl. Joachim Bumke: Wolfram von Eschenbach. 8., völlig neu bearbeitete Auflage, Stuttgart/ Weimar 2004, S. 361.
[5] Vgl. Bumke (2004), S. 361.
[6] Kiening (1991), S. 95.
[7] Vgl. Elisabeth Schmid: Semantische Illusionen. Zu einigen Namen bei Wolfram von Eschenbach, in: Germanisch-romanische Monatsschrift 28 (1978), S. 291-309, hier S.304f. und vgl. Kiening (1991), S. 95.

3.1 Literarische Anspielungen auf die Figur des Feirefiz

Als am Ende der ersten Schlacht die Niederlage der Christen kurz bevorsteht, blickt der Erzähler noch einmal auf die anfänglichen Rückschläge des heidnischen Heeres zurück. Dabei kommt er auch auf den gefallenen Heiden Pinel zu sprechen, dessen Ruhm und Würde bisher lediglich von zwei Herrschern, nämlich von Feirefiz und dem Baruc, überboten werden. Die durch diesen Vergleich herausgehobene hohe Position des Pinel in der heidnischen Welt erklärt, warum Halzebier in der Folge auch deswegen kämpft, um den toten Pinel zu rächen (45,15f.). In 54,30f. wird von dem immensen Reichtum des Königs Poufameiz berichtet und wiederum die Parallele zu Feirefiz gezogen, der von Königin Sekundille mit noch mehr Kostbarkeiten bedacht wurde.

Ebendieser von Secundille mit wertvollen Geschenken bedachte Feirefiz tritt in 248,28 erneut in Erscheinung. Hier wird er als Vergleichfigur gegenüber Gyburc herangezogen, die auf der Festversammlung zu Oransche ähnlich geschmückt und in ähnlich erlesenen Kleidern auftritt. In 379,26f. wird darauf hingewiesen, dass ebenso wie Feirefiz (Pz. 736,10) auch die beiden Heiden Poydjus und Tedalun in ihrem Wappen das Tier des *ecidemon* tragen.

3.2 Literarische Anspielungen auf die Figur des Anfortas

Nachdem Willehalm die fünfzehn Könige hinter sich gelassen und Gyburc von seiner Identität überzeugt hat, gewährt diese ihm endlich Zuflucht in der heimischen Burg. Hier behandelt Gyburc den verletzten Willehalm mit einer solchen Fürsorge, wie sie selbst Anfortas nicht größer zu Teil wurde (*daz Anfortas/ mit bezzerem willen nie genas* 99,29f.). Die ärztliche Behandlung Willehalms endet schließlich in einem Liebespiel beider Protagonisten, worin Kiening „eine subtile Umkehrung und Umdeutung des für Anfortas` Situation entscheidenden Zusammenhanges zwischen Minne und Schmerz"[8] sieht.

Der Bezug zu Anfortas geht auch in der Folge nicht verloren, wenn die Königin und Schwester des Willehalms aufgrund der hohen Verluste der ersten Schlacht zusammenbricht und unsäglichen Kummer verspürt (167,1ff.). Die Intensität dieses Schmerzes veranlasst sie schließlich dazu, ihr Leiden mit dem des Anfortas zu vergleichen (*mir wehset nu geliche ein leit/ der Anfortases arbeit,/ der quale von siner wunden* 167,5-7). Diese Textstelle stellt die einzige Passage im `Willehalm` dar, in der eine Person der Handlung selbst auf den `Parzival`-Roman Bezug nimmt. Wird hierdurch auch die allgegenwärtige Präsenz des `Parzival`-Stoffes deutlich, so ist die systematische Relevanz dieser Textstelle gering. Dementsprechend zeigt die

---

[8] Ebd., S. 96.

Einmaligkeit dieses Anspielungselementes weder methodische Perspektiven auf, noch lassen sich Unterschiede zwischen den Aussagen auf Figuren- und Erzählerebene aufzeigen.[9] Dessen ungeachtet wird das enorme Ausmaß des erfahrenen Leides deutlich, welches der Königin gegenwärtig widerfährt, da nur ihr „Verweis auf den literarisch entfalteten Superlativ"[10] diesem vergleichbar zu seien scheint.

279,13ff. greift erneut das Anfortas-Thema auf, wobei sich hier ein deutlicher Unterschied zwischen beiden Werken Wolframs von Eschenbach manifestiert. Es geht um die kostbaren Geschenke, die Anfortas aus Liebe von Secundille erhält und aus Liebe an seine Minnedame Orgeluse weitergibt (Pz. 519,2-30). All diese Reichtümer könnten den großen Verlust, den der Markgraf auf Alischanz hinnehmen musste, nicht aufwiegen. Nicht einmal der Gral selbst wäre hierzu imstande. Durch diese Überbietung wird die Gültigkeit des `Parzival`-Romans selbst in Frage gestellt, erfährt zumindest jedoch eine Relativierung vor dem Hintergrund des Völkermordens.[11] Wenn nun aber nicht einmal der Gral selbst die auf Alischanz erlittene Leiderfahrung kompensieren kann, schließt sich unmittelbar die Frage an, was hierzu in der Lage ist. Hierauf gibt der `Willehalm`-Text sowohl indirekt als auch direkt Auskunft: nur die Minne zwischen Willehalm und Gyburc lässt sich den Geschehnissen auf dem Schlachtfeld entgegensetzen (*so geltic si lagen*; 279,12). Der Erzähler weist in dieser Textstelle somit auf die Unvergleichlichkeit des Schmerzes und des Leides hin und zeigt gleichzeitig Möglichkeiten zur Überwindung auf. Nicht materielle Minnegeschenke, wie sie beispielsweise Anfortas von Secundille erhält, können dabei das Leid aufwiegen, sondern höchstens eine Minne aus *kiuscher güete* (280,2).[12]

Anfortas, der durch Parzivals Frage vom Fluch der *unkuische* befreit wurde und so seine alte Schönheit zurückerlangte, übertraf in seinem Erscheinungsbild Parzival, Vergulaht, Gahmuret und sogar Absolom (Pz. 796,7-15). Rennewart, so heißt es nun in 283,27ff., war mit einer solchen Schönheit gesegnet, welche es seit dem Tag, an dem Anfortas durch Parzival erlöst wurde, nicht mehr gegeben hat.[13]

---

[9] Vgl. ebd, S. 98.

[10] Ebd.

[11] Vgl. Ulrich Wyss: Selbstkritik des Erzählers. Ein Versuch über Wolframs Titurelfragment, in: ZfdA 103 (1974), 249-289, hier S. 263 und Horst Bruner: *Artus der wise höfsche man*. Zur immanenten Historizität der Ritterwelt im `Parzival` Wolframs von Eschenbach, in: Dietmar Peschel (Hg.): Germanistik in Erlangen. Erlangen 1983 (Erlanger Forschungen A, 31), S. 61-73, hier S. 72.

[12] Vgl. Kiening (1991), S. 99f.

[13] Vgl. ebd., S. 100.

3.3 Literarische Anspielungen auf die Figur des Parzival

Rennewart wird in 271,15ff. mit dem jungen Parzival verglichen. Beide zeichnen sich aus durch ihre Schönheit, Stärke und *tumpheit* und ebenso wie Parzival wurde Rennewart um seine königliche Herkunft „betrogen" (*des was ir edelkeit betrogen* 271,26). Zudem scheinen beide Protagonisten unter besonderem Einfluss von Gott zu stehen: Parzival, wenn er Anfortas von seinem Leiden befreit und Rennewart, wenn er den Christen zum Sieg verhilft.[14] Es gibt weitere Parallelen zwischen beiden Figuren, so z.b. der bei beiden ausgeprägte Zorn (Pz. 155,1; Wh. 198,28), die Bartlosigkeit (Pz. 244,10; Wh. 191,30) und der unwissentliche Verwandtenmord (Pz. 154f.; Wh. 442, 20-23). Insgesamt betrachtet befinden sich beide Figuren jedoch in unterschiedlichen Situationen, da Rennewart anderen Konstellationen unterworfen ist als Parzival. Er befindet sich wie seine Schwester Gyburc im Spannungsverhältnis zwischen Christen und Heiden, ohne dass eine konkrete Lösung des Konflikts in Sicht wäre.[15] Das spätere Erkennen seiner Schwester und die Verbindung mit Alyze deuten zwar seine Integration an, ohne aber zu thematisieren, wie das Verhältnis zur heidnischen Seite hin beschaffen sein könnte und „wie in der Umsetzung des Sippengedankens eine nicht nur einseitige Relation zu verwirklichen wäre."[16]

Insgesamt zeigen Rennewarts und Parzivals ähnliche Ausgangslagen nicht an, dass beide einen ähnlichen Weg beschreiten werden. Vielmehr ist die situative Übereinstimmung an unterschiedliche Funktionen geknüpft, so dass die Parallelisierung zwischen Rennewart und Parzival keine Verständnisvorgabe für den Gesamttext beinhaltet.[17]

3.4 Sonstige literarische Anspielungen auf Figuren, Motive und Themen aus dem `Parzival`-Roman

Der Erzähler führt in 73,22ff. Akarin von Marokko ein, wodurch dessen Verwandtschaft mit dem Baruc, der Parzivals Vater Gahmuret hatte christlich bestatten lassen (Pz. 106,29-108,28), deutlich wird. Der Erzähler beginnt zwar, die genaueren Umstände dieser Totenfeier anzudeuten, widmet sich dann aber erneut der noch nicht vollendeten Aufzählung der fünfzehn Heidenkönige.[18]

---

[14] Vgl. Bumke (2004), S. 361.
[15] Vgl. Kiening (1991), S. 99.
[16] Ebd.
[17] Vgl. ebd., siehe hinsichtlich der Parallelisierung zwischen Rennewart und Parzival auch Walter Haug: Parzivals *zwifel* und Willehalms *zorn*. Zu Wolframs Wende vom höfischen Roman zur Chanson de geste, in: Werner Schröder (Hg.): Wolfram-Studien III, Berlin 1972, S. 217-231, hier S. 220ff.
[18] 74,2f.: *die rede lazen wir nu sin./ Ich will die künege nennen gar.*

Mit dem Auftreten des Schetis und des Königs von Tandarnas, die lediglich mit Schild und Speer in die Welt entlassen wurden, wird erneut die Parallele zu Parzivals Vater gezogen, der sich ebenfalls ohne Erbe auf den ritterlichen Weg begab (243,10).

In 356,8f. wird die gute Ausrüstung Terramers erwähnt, welche selbst den Vergleich mit der des Artus Heeres am Plimizoel nicht zu scheuen brauchte (Pz. 273-336).

403,16ff. berichtet davon, dass der vom Kampf aufgewühlte Fluss des Larkant und die erschütterte Ebene von Alischanz ebenso erzitterten wie das *lit marvile*, das Wunderbett, mit dem Gawan sich auseinandersetzen musste (Pz. 566ff.).

4. Schluss: Das Konzept der literarischen Bezüglichkeit im `Willehalm`

Vor dem Hintergrund der zuvor diskutierten Textstellen des `Willehalm` fällt zunächst auf, dass die beiden Hauptfiguren der `Parzival`-Erzählung, Parzival und Gawan, so gut wie kaum Erwähnung finden. Zwar erfolgen literarische Anspielungen auf beide Protagonisten mit jeweils signifikanten Szenen, diese Bezüglichkeit entfaltet jedoch eine geringe inhaltliche Tiefe. Im Gegensatz hierzu rücken nun der vortreffliche Heide Feirefiz und der leidende Anfortas in den Vordergrund.[19] Kiening weist darauf hin, dass die Anknüpfung an das ältere Werk nicht immer so erfolgt, wie man es vermuten könnte: beispielsweise wird die Erbelosigkeit Gahmurets erwähnt, jedoch nicht in Bezug auf Willehalms Situation (wie man es erwarten könnte), sondern erst viel später mit Blick auf neu hinzutretende Nebenfiguren (Schilbert und den Schetis). Der zweifarbige, schwanengleiche Josweiz wiederum ruft die Assoziation zum elsternfarbenen Feirefiz hervor, Wolfram jedoch gibt keinen erwartbaren Hinweis hierauf. Die hier an den Tag gelegte literarische Bezüglichkeit erweckt den Eindruck, als ob Wolfram eine ausdrückliche Bezugnahme auf strukturelle oder thematische Kernelemente des `Parzival` mit Absicht vermieden hat.[20]

Anders verhält es sich mit den Anspielungen auf den heiligen Gral. Die Dimension des Grals, „diese theologische Überhöhung und Sprengung des Artusmodells,"[21] wird nun angesichts der mit dem Glaubenskrieg einhergehenden Leiderfahrungen relativiert. Dabei scheint nur das Leiden des Anfortas überhaupt vergleichbar mit den auf dem Schlachtfeld von Alischanz erlittenen seelischen und körperlichen Schmerzen.[22]

---

[19] Vgl. Kiening (1991), S. 100.
[20] Vgl. ebd., S. 100f.
[21] Ebd, S. 101.
[22] Vgl. ebd., S. 101.

Insgesamt gesehen bestimmt der `Parzival`-Roman den Erwartungshorizont des `Willehalm`, da Dichter und zeitgenössisches Publikum sich darüber im Klaren waren, inwieweit der Artus-Roman einen Bezug zum Spätwerk darstellte.[23] Die literarischen Anspielungen auf den `Parzival`, die fast durchgängig auf der Ebene des Erzählers gegeben werden, sind dabei sporadisch im `Willehalm` gesetzt und weisen einen eher verspielten Charakter auf. Meistens handelt es sich um Vergleiche zwischen bestimmten Personen und Szenen, wobei es nicht darum geht, den Artusroman als „Gesamtkonzeption zu thematisieren."[24] Vielmehr weisen die literarischen Anspielungen auf den `Parzival`-Roman eher auf den Unterschied zwischen beiden Werken hin, als dass sie Kontinuität signalisieren würden.[25] Die weitgehende Unvergleichlichkeit beider Erzählungen resultiert dabei zum einen aus der „bewusste[n] Zitathaftigkeit"[26] der Anspielungen, zum anderen aus der Reduktion mehrschichtiger Protagonisten der Handlung auf Beispielhaftigkeit. Hiermit ist aber zugleich eine von Wolfram selbst initiierte Kanonisierung des `Parzival` begründet, der dem `Willehalm` dementsprechend sowohl auf Erzähler- als auch auf Figurenebene als paradigmatische Vorlage gedient hat.[27]

Letztlich kann der oft spielerische Umgang mit den literarischen Anspielungen auf den `Parzival`-Roman nicht darüber hinwegtäuschen, dass die hergestellte Verbindung zum früheren Werk als „implizite Frage"[28] aufgeworfen ist. Vor dem Hintergrund dieser literarischen Bezüglichkeit muss dann auch „der Standort des `Willehalm` zum Problem werden."[29]

---

[23] Vgl. Greenfield, Miklautsch (1998), S. 56.
[24] Kiening, S. 95.
[25] Vgl. Greenfield, Miklautsch (1998), S. 56.
[26] Kiening (1991), S. 102.
[27] Vgl. ebd.
[28] Ebd.
[29] Ebd.

Literaturverzeichnis

Primärliteratur

Wolfram von Eschenbach: Willehalm. Text der Ausgabe von Werner Schröder. Übersetzung, Vorwort und Register von Dieter Kartschoke, 3., durchgesehene Auflage, Berlin/ New York 2003.

Ebd.: Parzival. Mittelhochdeutscher Text nach der 6. Ausgabe von Karl Lachmann. Einführung zum Text von Bernd Schirok, Berlin/ New York 1999.

Sekundärliteratur

Bumke, Joachim: Wolfram von Eschenbach. 8., völlig neu bearbeitete Auflage, Stuttgart/ Weimar 2004.

Bruner, Horst: *Artus der wise höfsche man*. Zur immanenten Historizität der Ritterwelt im `Parzival` Wolframs von Eschenbach, in: Dietmar Peschel (Hg.): Germanistik in Erlangen. Erlangen 1983 (Erlanger Forschungen A, 31), S. 61-73.

Greenfield, John/ Miklautsch, Lydia: Der `Willehalm` Wolframs von Eschenbach. Eine Einführung. Berlin/ New York 1998.

Haug, Walter: Parzivals *zwîfel* und Willehalms *zorn*. Zu Wolframs Wende vom höfischen Roman zur Chanson de geste, in: Werner Schröder (Hg.): Wolfram-Studien III, Berlin 1972, S. 217-231.

Kiening, Christian: Reflexion-Narration. Wege zum `Willehalm` Wolframs von Eschenbach. Tübingen 1991.

Schmid, Elisabeth: Semantische Illusionen. Zu einigen Namen bei Wolfram von Eschenbach, in: Germanisch-romanische Monatsschrift 28 (1978), S. 291-309.

Wyss, Ulrich: Selbstkritik des Erzählers. Ein Versuch über Wolrams Titurelfragment, in: ZfdA 103 (1974), 249-289.

Young, Christopher: Narrativische Perspektiven in Wolframs `Willehalm`. Tübingen 2000.

BEI GRIN MACHT SICH IHR WISSEN BEZAHLT

- Wir veröffentlichen Ihre Hausarbeit,
  Bachelor- und Masterarbeit

- Ihr eigenes eBook und Buch -
  weltweit in allen wichtigen Shops

- Verdienen Sie an jedem Verkauf

Jetzt bei www.GRIN.com hochladen
und kostenlos publizieren